AF198877

Für L.

Peter R. Pollmann

Freiers Gesichte

Lyrik

Impressum

Bibliografische Information der Deutschen
Nationalbibliothek:
Die Deutsche Nationalbibliothek verzeichnet diese
Publikation in der Deutschen Nationalbibliografie;
detaillierte bibliografische Daten sind im Internet über
http://dnb.dnb.de abrufbar.

Herstellung und Verlag:
BoD – Books on Demand, Norderstedt

ISBN: 978-3-7504-2015-1

Freiers Gesichte

Ernsthaft

gesprochen,
ich traue mir
nicht über den Weg.

All die rieselnden Sand
Körner entlang, braut
sich die Stille ein Nest.

- Sozusagen.
Ganz unbelaubt.
Auch. Ganz verstimmt.

Aufgerissen.

Steil. Meine Tagträumerei.
Diese hellsichtige Wanze.
Du. Die brütet was aus.
Du. Die lacht sich kaputt.
- Also echt.

Spiegelverkehrt.

Dein Tummelplatz
Zuckerwatte und Fritten;
und gleich vor der Losbude
sticht dich das Biest.

Verdammt. Immerhin.
Hat die es sich jetzt
mit dem leckeren Treiben
so dergestalt herzhaft versaut.

- Hand. Und Fuß. Darauf.
- Dezidiert.

Das Rote,

- mein Liebchen,
es kleidet dich nicht.
Komm. Weg. Ab nach Hause.
Wie zierst du dich gern.

Wie trifft einen barsch.
Die Ernüchterung mies.
Aus geschwungenem Hals.
Ins Gesäß. Rundheraus.

- Sieh doch einfach mal hin.

Als Schnappschuss

schoss Lotte die Treppe
herunter. Sie strahlte
aus weißem, gekörntem
Gesicht. Wie verrückt.

Keine wusste woher.
Keiner ahnte warum.

Doch war Lotte, die Lotte
im Großen und Ganzen
wie damals. Zu haben,

- versteht sich.
- Na klar.
- Immer gern.
- Immerzu.

- Gegen all die
- Besuchszeit
- ein beschaulicher
- Ritt.

Die Herbstzeitlosen,

so heißt eine Pflanze,
so heißt auch ein Film
- den ich mag.

Die Jungbullen brüllen
im Morgentau. Die wälzen
sich frank, da, die wälzen
sich frech wie Kanarien
- Vögel im Klee.

Scheu,
an geöffnetem Fenster
erdachte sie solches.
Gespannt. So. Gespannt.

- Eulenblass.

Lass uns

Brüderschaft picheln.
Dem Sommer ein Schloss.
Lass uns Malventee mümmeln.

- Im Herbst.

Du

sieh mal, du mach schon;
von überallher; wie schleppen
sie Kirschen in Körben zuhauf.

Warum, meine Freundin, warum
sollten wir saudumm rumsteh'n,
dumm glotzen; wir zwei.

- Fehlanzeige.

Kommt's ratlos. De facto. Kommt's
nicht darauf an. Jetzt. Auf. Gleich.
Mein Geliebter. Gut Schuss.

Furcht.

- In der Tat. -
Doch was kann man
schon machen, wenn
einen der Wonnemond
kneift. Bei den Hörnern.

- Na klar. Man pfeift mit.
- Pafft. Wie einfach das ist.

Der Ausputzer

knirscht mit den Hufen.
Verflixt. Der Wildhüterin
öffnet's die Bluse im Schlaf.

Worauf wartet der noch.
Wozu spart die sich auf.

Hört hin. Liebe Freunde. Hört
unbemerkt zu. Mensch, da tut
sich was zwischen den beiden.

- Sieh' beide. Gefesselt
- vom Kappessalat.

Des Morgens.

Na dann. So fanden
sich Gräser und Griffel; Maronen
Staub unter die Schoten gemischt.

Und gierige Käuze, klar,
die taten ganz so, so als ging die
der schielende Mumpitz nichts an.

Wie's himmelwärts aufschlug.
Wie's kunterbunt ausbrach.
Wie's Zug um Zug lockte.
Wie's pochte. Beschwor.

Als Hartmut, als der da, der taub
stumme Streiter beherzt und gefasst
irre Hemdärmel raufschob.

Dem konnte - Im Ernst und bei Lichte
besehen. - kaum Gutes, kaum Reifes,
kaum Echtes entschlüpfen. Gewiss doch.
Versprich mir. Was immer du willst.

(Du, der Apfel, der stürzt nicht,
nicht weit der vom Stamm, die.)

Sein stummes Gesicht. Weg und hin.

Gans. Egal,

denn ein Kahlschlag im Glutlicht,
der vergleicht sich mit nichts. Da

hat der doch beileibe weit bess'res
im Sinn. Klar. Betont. Immerhin.
Reich. Belohnt. Immerzu. Selbst
ohne genauere Kenntnis und Biss.

Warum auch. Warum. Warum nicht.

Die Feste Burg

- um die Stirn.
- Garantiert.

Den eisernen Klatschmohn
welk am fischigen Ohrschlitz;
ja, das macht es ihm leicht,
auf die Schultern zu kriechen.

- Blau. Die Füße pitschnass.
- Pech. Alle Nasen im Schlick.

Ursula tat es

ihm gleich. Dieser Kerl.
Nur, dass sie stundenlang ziellos
und bloß und auf Spitze; gehoben
im wachen Asphalt durch die klaffende

- Nacht huscht.
- Adrett.
- Die. Von wegen.
- Kompakt.
- Reinweg nett.
- Kardinal.
- Konziliant.
- Ungerührt.

Diese störrische Krause.
So. Al dente. Allego.
So. Zu Zöpfen gewerkelt.
So. Na siehst du. Es geht doch.
So. A bene placito.
So. Geschickt. Rechts vor links.
Da. So einmalig flugs.
Da. So einmalig stramm.
So. Wie nichts da fein
hinter die Wülstchen gezwängt.

- Wobei der die
- Brille nur ein
- poco beschlägt.
- Dieser Kerl.
- Tut nicht gut.
- Tut's nicht gut.
- Tut der das.

Eines Tages

- Versteht sich. -
schlägt die Sache dann fehl.

So gedruckt hat es grundgütig
anrücken müssen. So frotzeln
die Einen, doch die Anderen
flüstern, es sei. Ohnehin.

- Einerlei.
- Allerdings

hätte der Dachbudenhexer,
der hätte darüber de jure wohl
kaum, hätte der seine feuchtfrohe
Träne, das Arschloch, im Keller

- gelassen.
- Riecht's streng.
- Ja. Ja. Ja.
- Aber wie.

Übrigens

ist das mit der Grube,
du glaub mir, die grobe,
gehörige Lüge. So ist das.

Es zwickt einen mehr oder
minder nur das an der Galle,
mein Bürschlein, was leichtsinnig
kühn über die Leber lief. Laus.

- Klar. Gepatzt.
- Freier Fall.
- Alles klar.

Es half

- einem nicht,
daraus Nutzen zu kneten.
Begreif doch, ein Wahlfisch;
damit kennt der sich aus.

- Doch das glänzend.
- Versteht sich.
- Ist der Langstreckenschwimmer.
- Und säuft nicht.
- Mitnichten.
- Und doch.
- Mittendrin.
- Aber. Kleinlaut.
- So sagt man.
- Ja, das musst du ihm lassen.

(Denn

wer nämlich mit 'h'
schreibt, ist dähmlich.
- Frappant.)

Wunderbar.

Sie hockten zu dritt auf
der gläsernen Bank. Hart.
Die dürren, die emsigen
Schenkel am Wind.

Eine von denen quatscht
unterbrochen. Die Übrigen
schwitzen, die zogen in Fäden
Lakritzschnecken mühsam

- das Fell ab.
- Echt lecker.
- Ohja.
- Wirklich gut.
- Macht was aus.

Wenn

man Blümchen sanft,
umsichtig schlitzt;
- Große Klasse. -
hübsch und der Reihe
nach fädelt und spannt,
wirst du sie als Halskette
tragen, mein Spatz, oder
ums Fußgelenk winden.
- Wie gern.

Doch war man wie heute.
Noch nicht so wie damals.

- Im Tran. Immerhin.
- Nur ein Traum.

Falls

Rüdiger stolz seine Stiefel
bespringt, dann muss er zur
Koppel hinaus durch das Tor.

Wie liebt der das Saugen.
Den Gummigeruch.
Ein Gefühl an den Ballen.
Ein Gefühl auf der Haut.
Und zwischen den Zehen.
Vor allem. Gemischt.

Er liebte es auch, wie ein
Mastkakadu platt durchs
Fladengemüse zu watscheln.

- Vor Allen.

Von nah und fern

lockt der Sturm. Pustekuchen.
Doch lässt der sich gut Zeit,
dir noch nichts zu verraten.
Nein. Zweifellos hat er uns lieb.

Wohin denn auch sollte der sonst.
Und woher. Seinen wunden Mond
endlos so ums Haus scheuchen.

- Mist.
- Nur. Rabimmel.
- Rabammel.
- Glotzt.
- Mein Pelikan.
- Jagt.

Geheimschrift.

Wie planschen Mirakel
vor plätschernder Pracht.

Wir. Stützen die Planken.
Wir. Atmen den Rausch.

Was Reif unverschlüsselt.
Gestählt. Uns verspricht.
Aus den Handfächern frisst.

- Uns verbirgt.

Im Hahnenschrei taucht

- Was als Rufmord beginnt. -
ein Fürsprecher stur ins geöffnete
Nass. Man hätte die Botschaft

- ersehnt.

Doch schlechterdings keiner,
kein Aas macht sich frei,
auf den Weg, das zu retten,
was ad libitum stimmt;

- also möglicherweise.
- Ach wenn schon.
- Lass los.

Es ist ohnehin

- seltsam,
wie Begriffe sich gleichen.
Man könnte glatt meinen,
wir seien. Wir zwei. Wie
aus einem Guss. Schwefel.
Und nicht das Papier wert;
was unserem Seiltanz den Satz

spinnt. Sieh hin. Doch weiß man.
Es besser. Zuletzt. Ach. Wer weiß.

Diese alte Geschichte,

das launische Pfand. Ungenießbar.
Pest. Grillen da da capo zu ködern.
Zu käuen. Zu schlucken. Aus. Schicht.

Über Wildkanzeln nieselt die Nacht
wie ein Schwur, und die Kopfbuckler
Taube, du die kratzt sich den Pelz.

- Bloße Schaumschlägerei.
- Allerdings.

Du Schlafwandler. Dito.

Du die sammeln sich kaum
auf den Schindeln. Vergeblich.
Die fahnden. Vermuten. Die finden
den Weg zu uns nur in Erzählungen.
Lieb. Hokuspokus. Ballast. Fünftes Rad.

Was allgemein allerdings kaum
überraschte. Bedrückte. Verzog. Petri Heil!
So nämlich hätte man seinerzeit stumpf,
unbelehrbar und billig und fleißig, verbohrt
auch den flapsigen Zwerg gründlich

- ausgemerzt.
- Klar.
- Unauffindbar. Seitdem.
- Aber. Nein.

Nö. Kreisverkehr

war uns gar unbekannt. Fremd.
Noch führten die hinreichend
wuchernden Gassen und Stiegen
forsch jeden und jede zum Trog.

Sofern man nicht schlankerhand
schwungvoll - Noch aufrecht. -
den Spielregeln anmutig Nach
Druck verschaffte. Ein Storch.

Samt. Zweifelsfrei. Sonders.

Gab's weitere Namen. Namen.
Die sich kühl, ungemein selten und vage
und wenn, dann nur kreuzringelförmig galant
über den stocksteifen Stimmfesseln trauten.

Die hatten gepfefferte Kanten.
Die Namen. Und Haken. Und Ösen. Auch Dornen.
Die Narren. Begreiflich. Dass niemand. Kein Aas.
Wie gesagt. Darauf aus war. Entschlossen. Ins
Netz. Zu geraten.

- So ist das. So schürt das.
- Was bleibt einem sonst.

Zum Beispiel, falls

einem der klumpige Saft einst
- Und wenn schon. -
bis unter die Kinnlade reichte,

so fand sich verlässlich, gewandt
und fundiert, längst ein knuspriges
Zugpferd stockbesoffen im Wust.

Dem nämlich wurde, dem würde,
dem wird sein Gewissen grundgütig
- Und wenn schon. Gesetzt. -
vom anderen Ufer nicht bindend

- Bequatscht.
- Klar.
- In toto.
- Natürlich.
- Nur so.
- Wie du siehst.
- Einfach so.
- Also dann.
- Also los.

Weihnachten hielt

man den Atem gut fest.
Eine. Ein wenig. Und mehr.
In die Jahre geratene Übung.

- Zuletzt.

Wie's durchgängig offen
im Schlafrock und sauer
mit Krapfen und Kugeln
auf Krücken daherkam.

- Wir blieben dabei.

Schon. Die Aussicht allein.
Schon. Die Absicht an sich.

- Wie beschert's
- Kindern
- Spaß.
- Sozusagen.
- Verbürgt.

Man

ging sich symbolisch
- Am Himmelfahrtstag. -
nur vereinzelt besuchen,
was Herr und Weib schätze.

Hin ging's ja. Man glaubte.
Nee. Der Heimweg jedoch.
Nee. Der fuhr einem stracks
und beim Nachtisch bereits
mit Gedöns ins Gedärm.

- Immer da.

Zumal man.

Den vollen Nachmittag über.
In zerfahrenen Schlachten.
In verschlagenen Zügen.
So. Die Gurgel gestrichen.
So. Geblufft. Dann. Verzockt.

- Hat.
- Lass gut sein.
- Is' gut.
- Aber meins.
- Is' doch gut.

Das Versickern der Sonne.

Im Gegensatz dazu. Geschenkt.
Ein Gedicht. Für uns alle. Ohja.

Wofern die sich entwaffnend und drall
und verwegen im Nebel vergruben,

- die Wörter.
- Na siehst du.
- Erstaunlich.
- Wer nich.

Wofern die - Macht. Gelegenheit. Diebe. -
sich borstig und pfundig und kurzatmig

- blähten.
- Die Backen.
- Gewogen.
- Da siehst du's.
- Achja.

Nur die Mitternacht

- bleibt
- ein Geheimnis.
- Is klar.
- Du. Das
- macht nix.
- Zum Beispiel.
- Wieso.

Die verwitterten Halbbrüder
Henning und Urs. Die. Am Zaun.
- Da. Die sinnen auf mehr.

Ihre kalkfrischen Arme brav
verschränkt. Eine Wucht.

Nur. Sind eben Knieschoner
dir ein Zeug, das verrutscht.
Nur, den Einen gefällt's wohl
- und dem andern da. Auch.

Doch. Gelegentlich

darfst du dich schadenfroh
flott und bereitwillig ducken,
- mein Kartoffelgefrieß.

All das nämlich war,
wenn Milchbärte, Schwäne;
- Krumm über uns. -
war das, pieksauber, geschleckt
ins Schunkeln, ins Jubeln,
ins Flunkern gerieten.

Dann hagelt's oft zünftig.
- Komm. Hinterrücks. -
Trefflich. Gepfefferte Watschen.

- So war das.
- Tschüss Wurst.

O Gertrud.

Die urige Gertrud hingegen,
wie kostet die jeden Schluck
hinlänglich aus.

- Kein Pardon.
- Mann.

Wie trimmt die dann trefflich
- Schlag. Auge um Auge. -
mit geballter Verbohrtheit
ihre Scharte. Auf. Schuss.

Was. Blitz freimütig lachte.
Was. Zuchtperlenschlüpfrig.
Mann. Wie Dreck vor Vergnügen.
Habt. Schiss. Donner. Gerührt.

Ergo.

Doch wenn du in traulichem Schlummer
erwägst, wie lange es seinerzeit gottverflucht
brauchte mit Hilfe gerissener Lippen allein,
das sorgsam Gepellte in Trümmer zu pressen,
dann wird's deinem faustdicken Mäulchen
mitunter. Noch heute. Heil. Schwindlig. Heil.
Schwammig. Heil. Holterdiepolter. Gewiss doch.
Dabei. Keine Wahl. Oder nicht. Freie Wahl.

All' das war vollkommen

anders, mein Junge,
wenn wir uns ums Haar
- Ohne Sinn und Räson. -
in den goldgelben Kummer
Teich stürzten. Nicht wahr.

Das listige Blubbern ...
Der Waldmeistergrütze ...
Das herzliche Fauchen ...
Der Schleierbruthechte ...

Das Ganze. Nein. Wirklich.
Das Ganze. So sagt man.
Das Alles. Heil! Echt originell.

Denn seit eh und je

löst sich ein seelisches Tief
in gediegenen Bocksprüngen
über dem Moor.

- Geht's davon.

Was urplötzlich kauzig,
was sonderlich roch,
was schalkhaften Frieden,
was Spannung verströmte,

als seien versponnene Geister
per se gegen Meineid und Rauf

- Lust
- gefreit.
- Etwa nicht.

Hautflügler

- gab's.
- Klar.
- Am Schilfnatterteich.

So brachte man dezidiert
morgens bereits halbe-halbe
in Umlauf, was zum Vorteil

- gereicht.

Dir das. WerUndMitWem.
Mir das. WannWieWarum.

Selbst hüftlahme Kröten,
die bekrabbel's im Nu,
die gönnen sich mund
faul ihren Klatsch darauf,

- du, da
- das juckt.
- Wie's entstellt.

Die Hühner.

Die gafften. Die hielten sich.
Fern. Die schielten gewitzt.
Schräger Miene. Retour.

Die Jüngste.

- Die Tollkühnste.
- Aufrecht.
- Ja. Ja.

War sie - Ohne weiteres
Stottern. - bereit und dazu
ermächtigt, neun Grashüpferlein
in versiegeltem Bleiglas vors quirlige
Fluchen zu schaukeln. Hört. Hört.

Und die blieb dabei. Artig.
Und die blieb dabei. Ruhig.
Und die Ernsthaftigkeit. In

- Person.
- Wie gesagt.

Schlittschuhe.

Auch. Hatte jede von uns.
So brauchte es wahrlich nicht wenig.
Nicht viel. Bis jede von uns, bis jede für
sich. Den passenden Zauberstab fand.

Alles andre. Mann. Mann. Wär ein Unding
für alle. Wie wichen wir wohlgenährt aus

- Katastrophen.
- Und weitsichtig.
- Auch.
- Ab auf's Kreuz.
- Komm' zurecht.
- Tut's. Nich. Weh.
- Aber nein.
- Alles kar.

Zum Teufel.

Komm raus. Schlägt's
die Faust auf den Tisch.
Ist. Wie nichts. Ganz der alte.
Ist. Durch nichts zu beruhigen.
Ist. Mit Recht. Der Gehörnte.

- Bin's. Versteht sich.
- Ja. Ja.

Macht. Andrerseits. Reicht.
Wenn man's nüchtern taxiert; sich
die Nägel poliert; der den Laufpass
spendiert; nicht den Faden verliert;
durch die Lappen kriecht's kaum:

- Wer das Weite
- versucht
- ...
- Ist bekannt.
- Wie gesagt.
- Garantiert.

- Nix. Wie weg.
- Nix wie hin.

Ja. Mit Rosa dagegen,

mit Rosa Galopp wär das
satte Gemenge, wie üblich,
hab acht, aufs unverblümt
stimmige Gleisbett gerutscht.

Doch Rosa, fein Rosa Galopp
- Das rachsüchtige Viech. -
war jene Nacht missgelaunt
auf der Walz. Die brachte im
Handstreich, so gewieft wie geübt,
all die ruchlosen Kostgänger,
wie man weiß, so auf Trab.

- Folglich blieb eben alles,
- ja, gewissermaßen
- beim Alten.
- Is klar.
- Annemöschen.
- Is gut.

Erledigt.

Wie zogen wir rückblickend
heiter, nein, quietschvergnügt
weiter auf's frostige Feld.

- Raus.

Wie doch Hand in Hand hatte
der Brombeergeschmack
hinterm Schuppen nicht auch
unsre Lippen bekleckst;
wie mit Kleister verhext;
nicht doch Bremsen gelockt,

- reich gelöst.
- Denen machten wir aber
- vergleichsweise Beine.
- Hieb- und stichfest.
- Versteht sich.
- Nur zum Scherz.
- Bis auf Blut.

In Dunkel und Dämmer,

wie stahlen sie sich kess auf
TripTippelSchrittchen davon,

um dem Tag gleich auf bald
ein paar Flusskrabben mehr
aus dem Rücken zu leiern.
- Gewiss.

Und nicht ohne Grund. Wir.
Das. So könnte man sagen,
sie hatten Erfolg. In der Regel.
- Gewiss.

Doch

was man nicht alles
so mit sich herumschleift,
so gewissenlos hütet und kost;
so mit höllischem Ausdruck verdrückt.

Wo sollte man sonst damit hin.
- Meinetwegen.

Diese klaffende Springflut.
- Zum Beispiel. Gewürzt. -
Sein Gedicht, das Kamel
und beileibe nicht selten
- Begreiflicherweise. -
sein verkniffenes Maulwerk.

- Allein.
- Mann.
- Komm lass mal.
- Nein. Ernsthaft.
- Versprochen.
- Is gut.
- Meinetwegen.
- Is gut.
- Jetzt.
- Hör auf
- damit.
- Schluss.

Es war einem

allerdings postwendend Trost,
wenn's den Andren dabei
nicht viel anders erging.

Nur Elsbeth, Mensch,
Elsbeth voll das frostfeste Luder,
die ließ solch ein Kitzel. - Fest umrissen
und keck. - So von vornherein kalt.

- Immerhin.

Die bewahrte das Beste;
Mensch Elsbeth, du Beste;
stets auf bis zum Schluss.

- Die. Dafür war sie bekannt.
- Dafür hassten wir sie.

Auf'm Treppenabsatz

sonnenklar vor der Tür,
da hockte die Alte, die Rotz
Drossel stier und pulte sich
schwermütig Erbsen heraus.

Die Häkeltüllstola kohlschwarz.
Ums Genick. Den Rosenkranz.
Reif. Manifest. Vor der Brust.

Brachland. Der Anblick war
komisch. Genau. Wir lachten.
Wir knurrten. Wir pfiffen sie aus.
Sie keifte erbärmlich und schwieg.

- Schon am nächsten Tag lag die.
- Wüst. Im Taubenschlag.
- Tot.

Nur.

Wenige Takte. Schon ist es.
So weit. Luftschaufeln. Rascheln.
Schnee über dem Meer.

Nur. Die Nacht entlang weiter.
Nichts. Fehlt. Still. Vermummt.

Unser Willi

- blieb achtsam.
- Unser Willi bleibt tief.

Wie hatte der sich sein Gemüt
unverletzt; dicht bei dicht in
den buschigen Kronen verlegt.

- Da hockte der Sommer
- wie Winter. Da oben.
- Ein Heft vor der Nase.
- Kein Schwanz nahte sich ihm.

Nur Pia, die wortkarge Schnepfe,
geschickt. Im Vorüber. Verdeckt.

- Nee, wie kam die sich vor.
- Weiße Maus.
- Sowieso.
- Schwarzes Schaf.
- Also echt.
- Was das soll.

Dort

gab's die Gerüchte vom
Fernfahrerreich. Von Trollen,
Vergissmeinnichtschnecken,
Gesang. Von düsteren Schiffern,
vom nächtlichen Schrei,
von tanzender Asche.

- Verzauberter Brei.

(Lass

die Kirche im Kaff.
Wirf die Büchse ins Korn.
Kipp die Pulle. Ex. Hopp.
Sieh Marita! Da vorn!)

Unser Kartenabknipser.

Ein geselliges Kerlchen.
Der. Aß seine Fleischwurst.
Der. Am liebsten mit Rettich.
Der. Lebte mit Esel und Wolf.

Den hob's samstagabends
- Vielleicht. Auf ein Wort. -
in geselliger Runde knapp
über den Durst. Den. Doch
heiraten könnte der nie. Klar.

Obwohl. Ungelogen. Geeignet.
Na klar. Die Nachfrage wertvoll
und tiefgründig war. Höchst.
- Vernehmlich. Versteht sich. -
Klar. Bei Durchreisenden.

Satt.

- Keineswegs.
- Nö.
- Mein Freund.
- Ums Verrecken nich.
- Papp.

Wo doch jedermann ahnte, nein,
knüppeldick wusste, wie stattlich,
wie haarig, wie unwiderstehlich die
keifende Rechnung sich auszahlen

- musste.

Das. Wenn nicht gleich. Koks.
Das. Am nächsten Tag. Knete.
Das. Dann. Bar. Zunder. Kröten.
Das. Dann. Not. Am Mann. Strikt.

Doch die häufigsten Klagen,
die betrafen den Steiß dann,
nimmermüde Gefallsucht,

- oder gar ...
- Blöde Haarspalterei.
- Weiter nix.

Die Irmgard, ach Irmgard,

das erlesene Grausen.
- Ach Keime, O Keime,
die Sack und Pack fürchtet.

Einmal trug munter von Kopf
zu Kopf Irmgard den glühenden
Maulwurf, die Krätze ins Haus.

Stürmte Mütterchen Wildfang tags
drauf ohne Filzhut im Nachthemd
zum grienenden Schlachter.

- Herein.

Menschenskind.
Menschenskind.

Die gewienerte Plät,
das zerschrundene Hirn
den entrüsteten Fleischfressern
ungeschminkt präsentiert.

- Kapriziös.

Echt

sprichwörtlich allerdings
wurde ein anderer Reim,
nur bei geöffnetem Vorhang
grell ins Nordlicht zu schrei'n:

"Jetzt nimmst du mich endlich
Von hinten, mein Schatz, sonst

- lassen wir das."
Alles klar. Mark und Bein.

Und dabei war der Gisbert.

Dieser blutleere Fuchs.
Brav.
Bei allen gefragt.
Still und heimlich.
Geschätzt.

Du
der kannte sich aus.
Schon.
Du
der wusste auch
wo.
Nebst.
Der hatte den Absprung,
so bis jetzt,
Drum und Dran,
alle die Nächte
geschafft.
All die Herzen
versorgt.

Kaum
zu glauben
der
Krempel.
Doch was wahr
Ist,
Bleibt wahr.

('Froh mit O' fängst du an,

'Weh mit Ä' hört's dann auf,
- Felsenfest. Und nicht anders. -
ist der Wundertüte Lauf.)

- Hohl. Gewitzt.
- Hohl. Bemüht.
- Hohl. Verdrossen gehaucht.

Unkraut.

Den Rindern, die rupften,
sich knufften und pufften,
War's. Beschlossener Humbug.
War's. Ein WieDemAuchSei.
Die kauten und kauten.
Blöd. Schauten. Verdauten.
Die standen auf Blasmusik
wie unsere Kuh.

- Diese Schweine.
- Rabumm.
- Keinesfalls.

So beim Häckseln,

beim Dreschen, beim Ledern
und Schwarten, da schießt's
einem rätselhaft heiß in den Sinn.

So wie aus zerriebenem Herbstlaub
- Zum Beispiel. -
die Zukunft in steinreichen Zügen,
- Begreifst du. -
in packenden Zeichen herauspoltern
würde. Is klar. Wie du siehst. Alles gut.

Den Frühling. In petto. Im Frühling
indessen trägt einen mitunter gut

- Kaffeesatzlesen
- Zum Glück
- Kommt's von allein
- Nicht zu knapp
- Sozusagen
- Mir bestimmt
- Sozusagen
- Mann
- Ich lach mich kaputt
- Also immerhin die
- Alle Achtung
- Das passt schon
- Und wie
- Sozusagen
- Und wenn schon
- Is gut
- Kurz und gut

Du, Löwenzahn

war mir der Liebste.
- Und wenn schon. -
Denn nicht nur dem
Namen nach, Käthchen,
mein Wiesel, verbrutzeln die
Pflaumen wie feige Mimosen
aus Dosen am Bachbett.

- Tagsüber
- zuhauf.

Zum Verdruss. Sieh dich vor.
Soviel. Kannst du dir denken.

- Mein Spatz.
- Mein Gewinn.
- Mein Vollzug.

Da.

Wird's. Einem himmlisch.
Wird's. Schlummrig. Dabei.

- Du, glaub mir. So. Derart.
- So. Flegelhaft lauschig.
- So. Nachdenklich. Mosso. Dazu.

Scheucht Tannenrost leidlich.
Uns. Ohne Gewähr. Colla parte.
Uns. Funkenflug über die Schlucht.

Und Lieder. Lamento. Und Blicke.
Krescendo. Umarmen. Die Sehnsucht.
Con moto. Con brio. Con dolore. Morendo.
Zum Trost. Teneramente. Sein Kuss.

- Dir. Zum Gruß.
- Ma non troppo.
- Mir reicht's.
- Quasi. Heiter.
- Gestimmt.
- Fix. Dann los.
- Mach dich frei.
- Fix. Auch da.

magenbitter

so vieles bewegt sich
nimmt fahrt auf
so manches
nimmt reißaus
entwischt mir
entgleitet's
versteht sich
auf brautschau
verdächtig rein
unwidersprochen
schwimmt's
stimmig und lüstern
davon mild entgegen
ein krähenfußabdruck
im stroh mein geliebter
nichts weiter hört
hört nicht viel mehr

Echt

doll.
Toi toi toi.
Denn man soll sich,
was denkst du,
die windigen Greifer
in frommer Gier lecken.
- Danach.

Doll.
Klopf auf Holz.
Denn man würde sich flugs
ohne Sinn und Verstand,
wie du weißt, ruchlos wetzen.
- Danach.

- Doch
zunächst, Hand aufs Herz,
Mann, mein Augapfel süß,
wäscht du dir den garstigen
Anstand gefälligst in Unschuld.
Ganz doll.

- Nur Geduld.
- Scheiß Geduld.
- Immerzu.

Du, lies mir

doch noch etwas vor, Nacht
Viole. Von unseren Katzen.
Zum Beispiel. Kein Wort.

Wie lagen sie nicht
in den Breschen herum.
die verschnurrten verächtlich
all das flapsige Grün.

Lies. Du.
Von unseren Kötern.
Ein Beispiel.

Wie stahlen die sich
um die Mittagszeit - Nichts
Da. - so unflätig feige davon.

- Machten Latzhosen platz.
- Tricksten Blutegel aus.

Lies, Wonnekelchen. Kein Wort.
Nur die tapfersten Räuber,
nur Schützen herbei:

Eulenblass.

Gebell, Geheul, Gebräu.
Dauerregen tagsüber Nacht.

Lange Wochen. Entrückt.
Du. Wie tauchten wir dann.
Unverblümt wie verbrieft.
Unsre Küsten. Ein Rausch.

Wir verlasen die Zeit. Wie ein Wald.
Der uns träumt. Der ins Spinnenwerk
weht, sich im Rockaufschlag bricht.

- All die Worte der Toten. -
(Luchs und Rabe, gut Nacht!)
Du. So unschlagbar. Fremd.

Lichterloh. Pervertiert.

Eins schießt immer ins Kraut.
Platz da! Eines bleibt immer.

Für sich.